AF314474

L'HOMME DU PEUPLE

DEVANT

UNE COUR D'ASSISES.

PAR

le Citoyen *VIELBANC*.

Les hommes changent, les principes
sont immuables. — Je suis donc
pour les principes.

PARIS.

Chez Ad. Rion, rue de Grenelle-Honoré, n. 29.

1833.

Ce discours est celui que le citoyen VIELBANC avait préparé, croyant être appelé en Cour d'Assises, lors du procès des chefs de série de la Société des Droits de l'Homme ; il ne fut point mis en cause ; ce discours n'a donc point été prononcé.

L'HOMME DU PEUPLE

DEVANT

UNE COUR D'ASSISES.

Messieurs les jurés,

De tous les spectacles que l'égoïsme et l'esprit de faction aient donnés au monde, il n'en est certes aucun de plus déplorable et de plus effrayant pour les vrais amis de l'humanité que ces débats acrimonieux où les lois sont perpétuellement mises en question. L'honnête homme comptait sur la sainteté et la force des institutions; il se reposait confiant sur nos Codes, et voilà que le flux et le reflux de cent arrêts contradictoires, prononcés au retentissement solennel de la voix des magistrats, viennent détruire son repos et le saisir d'épouvante. Il croyait que la loi était une formule sacrée, morale, déduction juste et claire de l'immuable volonté de la nature sur la destinée de l'être social, et tout-à-coup il la voit, élastique et flexible, se prêter volontiers à tous les caprices et à tous les commentaires des temps, de la corruption et de la force : toujours la faction dominante, maîtresse, et la loi complaisante et docile. On en a vu, qu'enfanta le gouvernement révolutionnaire de 93, utilisées par l'empire, servir à la restauration, et aujourd'hui, malgré le nom de citoyen, le pouvoir ne paraît pas les dédaigner. Cette étrange et funeste arlequinage de notre législation a toujours tenu en inquiétude et en effroi les hommes simples, vivant des sentimens purs et loyaux de leur âme neuve, et sans l'expérience de la corruption du monde civilisé.—Dans leur naïf et extrême étonnement, ils se disent à chaque heure : Comment donc la loi peut-elle condamner les uns et absoudre les autres, lorsque leur existence est la même et leur moralité égale? est-il donc deux vérités et deux justices? la loi a-t-elle des passions? Mais le penseur, celui qui s'instruit par l'expérience du passé, s'est bientôt expliqué toutes ces anomalies. Aujourd'hui, messieurs, l'homme du peuple lit, médite, s'éclaire, et voilà ce qu'il apprend par l'histoire, ce qu'il redit à ses frères dans ses momens de loisir et de causerie : il y a toujours eu dans la société action et

réaction de l'oppresseur sur l'opprimé, de l'esclave à l'é-
gard du maître; car si le pouvoir est de sa nature égoïste et
envahisseur, la misère et l'assujétissement ont une tendance
véhémente à la révolte ; la souffrance est un mobile énergique
qui pousse sans cesse au mouvement, car il n'est pas dans la
nature de l'homme de rester inert sous l'aiguillon du mal.
Or, l'état social étant toujours convulsif et malade, les législateurs de ces temps, ou plutôt les puissans de l'époque, formulèrent des règles pour réprimer ce qui les gênait; s'inquiétant bien davantage d'assurer leurs jouissances et leur
pouvoir, que de rendre la société à son état normal. — Ils
firent bien plus le silence que la paix, pensant que, puisqu'ils
n'entendaient plus les sanglots, nul ne pleurait; — leurs lois
ne furent donc que des lois d'occasion et de circonstance, créées
par les révolutions et au milieu des commotions politiques.
Les vaincus et les vainqueurs disparurent dans la succession
des siècles, mais le Code oppresseur devint l'héritage des générations qui suivirent. Voilà pourquoi, messieurs, un pouvoir qui succède à un pouvoir qu'il a renversé est également
oppresseur; car ce sont toujours les mêmes lois qui régissent.
Comme ces lois sont innombrables et qu'elles portent le cachet
des temps qui les ont vu naître, elles sont disparates, incohérentes, inapplicables à nos maux, singulièrement serviables
au despotisme ami des doubles interprétations; et alors, selon l'expression profonde d'un ancien, elles laissent toujours
le peuple mal aisé, mécontent, en même temps qu'elles consacrent cette sacrilége sentence des publicistes : *la justice,
doit quelquefois être injuste.*—Oui, messieurs, c'est ce relâchement de morale, c'est l'espoir de trouver la loi flexible et mobile
qui, après qu'un jury national et plein de ses devoirs de citoyens
a proclamé hautement et d'une voix unanime le droit indéfini
d'association, nous amène encore, nous société populaire,
devant de nouvelles assises. Je suis trop inhabile pour m'engager dans une discussion de palais; je laisse la question de
droit à traiter à nos défenseurs ; ils sauront alléger la tâche :
mais comme les principes sont du domaine de tout homme
de raison, je ne puis m'empêcher de faire remarquer ce singulier contraste des tribunaux du peuple, où se trouvent des
citoyens assemblés par des lois populaires et les tribunaux régis par les vieilles organisations. Tandis que le jury déclare
que le prévenu n'est pas coupable, alors que l'accusé se lève
fier du témoignage solennel de ses pairs, voilà que le juge ne
quitte point son siége sans prononcer une sentence de condamnation : d'un côté, le verdict proclame l'innocence ; de
l'autre, l'arrêt frappe à outrance. Messieurs, il n'est donc

plus d'innocence sur la terre ? ou plutôt, il est donc impossible d'échapper à la serre du pouvoir? Voilà nos lois, leur équité et leur justice! où donc sont leur pudeur et leur morale ?

Messieurs les jurés, c'est vous qui devriez être notre espoir et notre sûreté au milieu de tant d'attaques du pouvoir; car le jury est la véritable souveraineté du peuple : c'est la société en face de la loi. Des hommes, citoyens à la fois et juges suprêmes, protégent de leurs voix nos libertés envahies ; la société les appelle à soutenir, à défendre ses droits et à faire digue aux éboulemens du pouvoir. Devant ce grave aréopage, il tremble; car ses actes sont aussi jugés. Ne sont-ce pas des jurés qui naguère encore lui ont dit : Non, tu ne tueras pas? et un jeune citoyen a été rendu à la société qui le réclamait, à la patrie dont il sera un des plus ardens défenseurs. Messieurs, votre tribune est la seule institution démocratique que nous ait acquis notre sang versé en juillet : elle devait affranchir le peuple de son état de Paria. L'égalité devant la loi devait être une vérité. En est-il ainsi, messieurs ? j'en appelle à votre conscience, suis-je devant mes pairs ? où sont donc les prolétaires parmi vous ? en est-il un parmi vous qui se soit jamais associé aux misères du peuple ; qui ait senti sa faim torturante ou couché sur son grabat ? Avez-vous entendu votre enfant vous dire : j'ai faim ! quand vous manquiez de tout ? Avez-vous vu votre femme dévorer ses pleurs quand son fils lui disait: j'ai froid! Messieurs, vous n'avez pas senti ces horribles supplices de la misère! alors vous ne pouvez comprendre notre désir de réforme, et l'énergique mouvement qui nous pousse aux associations : vous ne pouvez être nos juges? Quoi! toujours vous viendrez chercher chez nous les accusés, et pas une fois l'homme du tribunal? Croyez-vous qu'il fût équitable de vous traduire, vous simples citoyens, devant un jury composé seulement de soldats? Eh bien! cependant vous aurez le courage de nous juger ! C'est dans cet instant solennel, plus qu'en aucune autre heure de ma vie, que je comprends cette grande vérité d'un publiciste : *Une institution démocratique environnée de vieilles lois royales, entre les mains du pouvoir, est plus funeste qu'utile au peuple qui l'a conquise.* Cependant, messieurs, un jury qui manque au peuple commet un horrible sacrilége. Mais, quelque chose qui advienne, l'homme du peuple a trop d'âme pour sentir la crainte et faire apostasie de ses principes : nous parlerons donc devant vous avec notre franchise et notre loyauté républicaines.

Messieurs, nous n'avons point de civilisation; celle qui

semble nous unir est oppressive, et par conséquent insuffisante
à faire le bonheur des hommes. Les sociétés à nos regards ne
présentent partout que des agglomérations d'êtres nécessiteux:
quelques-uns parmi ont un excessif loisir; mais le plus grand
nombre, une excessive misère. Long-temps l'ignorance a
laissé le peuple abruti sous le mal, rongé sans cesse par l'o-
pulence des grands et la vermine de sa détresse; mais aujour-
d'h i le siècle marche, les peuples sont en mouvement et l'a-
venir approche.—Ne croyez pas cependant que la république
s'établira parceque nous sommes républicains.--Non, messieurs;
mais les principes démocratiques ne sont forts, ardens, puissans en nous, que parceque notre temps le veut. C'est notre
époque qui nous pousse. — Le passé, les forfaits des grands,
leur luxe et leurs vices, ont enfanté une ère affamée de réforme; l'expérience guide le peuple que l'on veut toujours tenir en état de tutelle et d'idiotisme; l'heure de la régénération est sonnée. Il y a dans tout ce qui respire et
porte en soi le sentiment et la raison une grande pensée d'al-
liance humaine; c'est l'impulsion que les siècles passés ont
donnée à notre siècle qui nous a faits républicains. Il n'est pas
un homme sur la terre qui ne sente ce mouvement inextin-
guible du monde : tous ne marchent pas avec hardiesse;
mais tous avancent; les uns sont saisis de crainte, d'inquiétude ; ils demandent l'avenir, mais le craignent, parcequ'ils se
entent de la tache originelle de leur berceau, du lait corrompu qui les a nourris ; parcequ'ils sont habitués à une vie
formulée, et qu'ils ont peu d'énergie pour se mouvoir : ils
se sont si peu accoutumés à penser qu'ils ne savent rien dé-
duire. Nous sommes mal, disent-ils, mais serons-nous mieux ?
Ces gens appartiennent à la classse qui a de l'aisance et une de-
mi-éducation. Ceux-là subissent tous les gouvernemens, justes ou injustes, peu importe; ils mangent et ne sentent pas les
tiraillemens d'entrailles des prolétaires. C'est le type de l'é-
goïsme ; s'ils mangent avec la république ils seront républicains; mais dans ces temps de transitions ils seront inerts ou
dans la catégorie d'hommes qu'on appelle *juste-milieux*. Ne
pensons jamais à les animer de sentimens généreux, car ce serait espérer contre l'espérance. D'autres aiment la république, mais ils redoutent les républicains, parceque nos ennemis leur ont fait de nous un tableau hideux : du moment où
ils nous connaîtront, ils seront nos frères. Je ne parlerai pas
des aristocrates, car ils sont sur la terre des génies malfaisans
et incorrigibles : ils marchent aussi, mais ils marchent sur le
peuple. — Messieurs, vous le voyez, les prolétaires savent
connaître les hommes. Ils connaissent aussi l'histoire ; ils

— 5 —

n'en sont plus réduits à des traditions confuses et superstitieuses, à des sorciers et à des fées. Depuis quatre siècles nos
pères plébéiens ont répandu leur sang pour l'émancipation
de l'humanité ; ils nous ont légué cette œuvre, nous l'accom-
plirons. Je dis que nous achèverons cette œuvre, car les générations qui nous ont précédées, chacune en leur temps,
l'ont laborieusement élucubrée ; et je ne veux pas leur ôter
la gloire qui leur revient ; vous savez sans doute, messieurs,
ce que les républicains appellent gloire : c'est le lot d'un peuple qui préfère mourir libre que d'être esclave. Ce sera aussi
le nôtre.— Ce que je dis du siècle présent, enfanté par les
siècles passés, est une vérité historique.

Depuis long-temps Rome n'avait plus de citoyens et le co-
losse de l'empire expirait au milieu des orgies. Les barbares
jetèrent l'exubérance de leurs peuplades sur l'Europe, et le
droit de conquêtes mit la loi féodale, avec sa brutalité, à la
place de la loi romaine agonisante. Le christianisme dogmati-
que fit aussi son irruption : alors le sacerdoce et les barons
se partagèrent le sceptre qu'ils portèrent chacun par leur bout.
Mais bientôt les mœurs des vaincus et des vainqueurs se mêlè-
rent : ce mélange affaiblit la puissance féodale, sans rien lui
ôter de sa rapacité et de son despotisme : d'un autre côté,
la passion hurla aux cœurs des prêtres, qui voulurent tout acca-
parer. La tendance démocratique, qui déjà poussait les peuples et les animait de haine contre les tyrans, prit tout-à-coup,
sans que les plébéiens se l'avouassent, une plus grande hardiesse et une plus grande force ; c'était un entraînement de
nature, l'équilibre du monde qui tentait de se rétablir.

Les peuples se ruèrent donc sur les champs de batailles où
le temporel et le spirituel se disputaient la puissance exclu-
sive des hommes. Le serf se battait sans savoir quelle serait
l'issue de la lutte ; mais il pressentait qu'elle ne serait pas,
pour lui, sans avantage. En effet, messieurs, la philosophie
vint à son tour, naissant du choc des partis ; elle désarma le
sacerdoce infidèle et sa conjurée l'oligarchie féodale. Alors
la société, dans son ensemble, présenta l'image de deux
camps. Deux principes d'antipathie invincible se heurtèrent.
Le vassal, dont la vie était attachée à la glèbe, changea le fer
de la charrue en glaive, et d'une voix mâle il appela dans l'a-
rène le privilége, dont il insulta le blason. Comme Spartacus,
brisant ses chaînes, il apparut devant le manoir de l'orgueil
et de la tyrannie, et en frappa ses patrons au visage. A cet
ébranlement formidable, les rois pâlirent, les aristocrates
furent saisis d'épouvante, se réunirent et firent pacte. C'est
alors que se forma la ligue des tyrans contre l'émancipation

des peuples. Les nations à leur tour poussèrent de terribles clameurs : invoquant la liberté et volant aux armes, elles repoussèrent la main toujours crispée du despotisme qui, par d'extrêmes efforts, tentait de les courber encore sur la terre de l'inféodation et du vasselage. L'Allemagne lutta quarante ans ; harassée, n'ayant plus de sang à répandre, elle ne put obtenir que sa confédération de princes, qui devait servir de digue aux hordes barbares et ambitieuses de la Russie et aux envahissemens diplomatiques de la cauteleuse Autriche. L'Angleterre, après soixante ans de convulsions, se résuma dans une tête de roi, écatombe immolée à l'aristocratie qui s'empara de la puissance aux dépens de la royauté et du peuple ; car elle laissa le règne à la couronne, la misère à la nation, et se donna pour lot le gouvernement et l'opulence.

En France les choses se passaient autrement : le peuple continuait sa marche d'émancipation ; il agrandissait le cercle de sa volonté et arrivait à pas de géant à la conquête de sa souveraineté. Les Français devaient en effet devancer tous ces peuples dans l'œuvre de la regénération humaine ; car ils eurent toujours une violente tendance à la démocratie. Il est peu d'époques de la monarchie qui n'ait subi le concours du peuple dans les affaires publiques. Tantôt il prenait parti contre la cour et le roi pour le parlement ; tantôt pour le roi contre les seigneurs et les prêtres ligués ; et bien souvent il se révolta pour lui-même contre l'avidité de ses maîtres et leurs subsides.

Messieurs, il est à remarquer d'ailleurs que les rois de France furent les premiers à donner l'aristocratie en pâture au peuple. Louis XI, despote ombrageux, s'inquiéta de la puissance féodale qui l'entourait ; — il aimait mieux être seul : — aussi préférait-il un pouvoir direct sur la nation, que la suzeraineté sur des princes orgueilleux, sans cesse le glaive à la main et la bannière déployée. Son regard, juste appréciateur, égoïste et jaloux, savait admirablement apercevoir les intérêts du despotisme. Il regarda donc les seigneurs comme des sujets importuns et dangereux pour la couronne, parce qu'ils étaient maîtres de vassaux nombreux et avides de priviléges. — Les guerres trop fréquentes que les ducs trop puissans se faisaient entr'eux, et souvent à lui-même, à ses yeux clairvoyans devenaient pour le peuple d'un enseignement fatal aux rois. En le faisant descendre si souvent sur le champ de bataille, on lui apprenait aussi bien à heurter le seigneur que le serf, et de là il pouvait prendre assez d'audace pour dépouiller d'une main hardie l'épaule royale de son manteau de droit divin. Il jugea que si le trône recevait de si réitérés ébranlemens, la tête ointe ne serait plus sacrée et que le peuple des camps deviendrait impie et renégat. Messieurs, Louis XI ne vous semble-t-il pas animé d'un esprit prophétique? Quoi qu'il en soit, il pensa sérieusement à détruire la puissance seigneuriale qu'il avait trouvée formidable à Vérone. Le monarque astucieux, diplomate raffiné, passa dès-lors chaque heure de sa vie à miner, à circonscrire les aristocrates, et il finit par leur porter un coup mortel. Louis XI fut donc le maître le plus habile du peuple, dans les leçons qu'il lui donna pour frapper les nobles; car il ne pouvait abattre la force des grands qu'en s'appuyant sur le plébéien.

Louis XIV, envieux de tous, n'aimant que lui, d'un égoïsme tellement radical, qu'il imposait la loi aux hommes qui l'entouraient de ne voir que lui, de ne penser qu'à lui.... Il voulait de la gloire, comme le juste-milieu de la paix, à tout prix: aussi certaines renommées l'ombrageaient. Si quelques-uns de ses courtisans se mettaient en relief par leur génie, il entendait que cette illustration lui fût rapportée, comme dispensateur de toutes distinctions. Il permit aux grands esprits de son siècle de le flatter beaucoup et de ridiculariser à outrance tout ce qui n'était pas lui. Il souffrit que le roturier portât une main audacieuse sur la couronne de marquis, parce que la voix plébéienne célébrait à plein alexandrin sa majesté de grand roi.

Mais il vieillit en applaudissant aux explosions de bravos qui retentissaient, à salves bruyantes, quand Molière stygmatisait les seigneurs musqués de cour et les douairières à nobles quartiers. Il avait, roi brillant et jeune, livré sa noblesse à la risée et au dédain du peuple: quand il n'eut plus ses fêtes splendides, ses éclatans carrousels, ses voluptés merveilleuses, ses galanteries romanesques et qu'il remplaça tant de bruit et tant d'amour par une langueur décrépite et bigote dans les bras de la mystique Maintenon; qu'au lieu des lames courtoises de ses tournois, il présenta au peuple ces fanatiques et sanglantes exécutions des dragonnades; alors les nobles à leur tour, redoutant les perfides caresses de la maîtresse ascétique, et l'amour de Dieu du vieux tyran, le présentèrent au plébéien, roi podagre, dévôt et sanguinaire, pourtant encore amoureux quand il agonissait. Le peuple prit du dégoût et du mépris pour ce cadavre voluptueux, et la vieillesse de Louis XIV fit naître le dédain dont la royauté fut peu après irrévocablement frappée.

Les turpitudes de Louis XV, son règne crapuleux, ses épouvantables et répugnantes débauches, avaient tellement usé le trône et flétri la couronne, que Louis XVI dût frémir en prenant place sur un siége souillé tant d'années par deux vieillesses de roi si honteuses.

Pendant toutes ces joies et ces voluptés de Versailles, ces menées de pages, ces intrigues de seigneurs, ces prostitutions de femmes titrées, ces iniquités de rois, ce servilisme de courtisans corrompus, le peuple écoutait la voix mâle et robuste des génies sortis de ses chaumières : attentif, il recevait de grandes vérités et se pénètrait de grandes lumières. Son ame conçut de grandes pensées d'émancipation : il sentit qu'il respirait trop à l'étroit. Des hommes forts et courageux, désignés au martyr, l'appelaient à la liberté. Citoyens, disaient-ils, il n'y a d'hommes que ceux qui sont libres : car eux seuls, maîtres de leur volonté, font des actes selon leur conscience; eux seuls par conséquent sont vertueux ou coupables. L'esclave n'est rien, car il est comme l'animal docile au caprice de son maître, sans volonté comme sans morale. Les hommes libres seuls peuvent être citoyens, parcequ'il n'y a qu'eux qui peuvent se soumettre de leur libre arbitre à des lois qui ne leur ont point été imposées, mais qu'ils ont faites. La liberté est sœur de l'égalité ; car du moment où les hommes ne sont point les égaux de tous, il résulte de cette inégalité des conditions que les uns ont des priviléges, des richesses, de l'oisiveté; les autres de la fatigue, de la misère et de la servitude. Tandis que l'un passe une vieillesse commode et nonchalante, l'homme du peuple, qui l'a enrichi, qui est le véritable producteur, devient mendiant et va mourir sur un fumier. Il n'y a que le républicain qui soit homme et citoyen, parcequ'il n'a de souverain que le peuple, et qu'il n'obéit qu'à la loi qu'il a faite et qu'il peut refaire quand elle est oppressive ou insuffisante. Il est homme, car il n'appartient qu'à l'humanité ; il est citoyen, car il n'obéit qu'à la constitution qu'il s'est donnée pour vivre libre et en sûreté au milieu de la société qu'il a choisie. Nul ne peut se dire son maître, car l'égalité existe entre lui et tous; et tous comme lui ont la même loi. Repoussez ce qui n'est pas principe, institution, peuple; n'oubliez jamais qu'il n'y a qu'une seule famille, l'humanité : qu'un souverain, le peuple; qu'un législateur, la nature ; qu'un seul guide, la morale. Messieurs, le peuple entendit et il comprit sa dignité. L'aristocratie voulait bien conserver son pouvoir sous le masque d'un protectorat bienveillant; mais vainement elle dit au peuple qu'il fallait une digue à ses passions; que les substitutions qu'il demandait étaient impies, que son égalité était subversive et sacrilége; puis elle criait aux législateurs que le peuple était brutal et débauché! oui, messieurs, on tenait alors ce langage, comme on le tient encore aujourd'hui. Eh! d'ailleurs, les aristocrates de tous les temps, ne sont-ils pas tous les mêmes?... Le peuple débauché !.... Mais la débauche d'où vient-elle donc si ce n'est de la misère, fille de votre luxe et de vos monopoles? Celui qui est dévoré de passions ardentes, tourmenté par d'éternelles privations, sans fêtes ni jour de joie, qui ne peut rompre la continuité de ses heures de fatigue, de contrainte et de douleur, quand il succombe à l'aisance d'un jour, est-il donc débauché? Celui qui pauvre, ignorant, sans bras forts pour le soutenir, qui n'a point appris à penser au-delà du moment, qui n'a rien pour se défendre de ses passions, parcequ'il a un instant d'intempérance, est-il donc corrompu? mais dites-moi, accusateurs du peuple, est-ce l'artisan qui va au sein de vos familles, sous le masque d'une perfide amitié, d'une fausse pitié, séduire vos filles pour adjoindre le luxe d'une maîtresse à une épouse qui lasse ; pour rompre la monotonie d'un ménage de loisir? est-ce l'artisan qui a créé les lois sur les jeux, sur la loterie, les filles de joie, les monopoles de toutes espèces? est-ce lui qui a organisé la corruption et qui la protège de ses lois? Que l'opprobre donc des fautes du pauvre retombe sur ceux qui l'enfantent par leurs scandaleux monopoles. Non, non! le blâme ne peut atteindre l'homme du peuple qui n'est désordonné quelquefois que par l'abandon du riche ; et d'ailleurs Pitt n'a-t-il pas déclaré que la corruption était le plus ferme appui des grands?.... Vous dites qu'il est brutal : est-ce parcequ'il se débat contre votre oppression, et qu'il se montre brave et loyal dans la lutte? En effet, cela doit vous paraître ainsi, vous qui, pour vous protéger, ne connaissez que les pactes honteux de la diplomatie et des protocoles ruineux....

Messieurs, malgré les efforts de l'aristocratie, le peuple marche vers l'avenir ; car le peuple , quoiqu'en disent ses calomniateurs, a un sentiment juste et vrai. Il sait ce qu'il veut et comment il peut accomplir sa volonté. Il le savait aussi en 91 , et il l'annonça en faisant gronder le canon de la Bastille qui retentit à l'oreille des tyrans, comme une salve de convoi funèbre. La mauvaise foi royale, le souffle de la diplomatie le forcèrent, pour garantir sa liberté, à des mesures énergiques, et il frappa 93. Le coup fut si rude que le monde ébranlé n'a pas repris son assiette paisible, et qu'il est encore en terrible oscillation. Alors, comme aujourd'hui, on l'accusait d'être seulement animé de la frénésie des révolutions; il répondit à ses vils détracteurs par la Déclaration des Droits de l'homme et du citoyen. Sa raison sublime se mani-

festa dans la distinction qu'il fit lui-même de la révolution et
de la république que ses ennemis s'efforcent de confondre.
Il décréta que son gouvernement serait révolutionnaire jus-
qu'à la fin de la guerre, et pour en finir vite avec les tyrans,
il lança quatorze armées; mais, pour rassurer les peuples ses
frères, il formula les principes d'où venait découler, d'après
la volonté inaliénable de la nature, toute constitution humaine.

Messieurs, je dois relever ici une erreur grossière de
l'arrêt de renvoi. Je suis étonné que des magistrats qui doivent être justes commettent des fautes de la nature de celles
que je vais signaler.

Ce ne sont pas les Droits de l'homme et du citoyen
décretés en juin 1793 par la Convention nationale que nous
avons adoptés. Les républicains sont conséquens avec leurs
principes : nous regardons la vie de l'homme comme inaliénable dans une société bien établie et gouvernée par des lois
d'équité et de justice. Dans les révolutions seulement, la vie
des hommes peut être mise en péril, parcequ'il est écrit dans
le Code de la nature que chacun veille à sa propre conservation. Alors dans la lutte passionnée de deux principes repré-
sentés par leurs défenseurs, il vaut mieux tuer son ennemi
que d'en être tué. Dans une république juste et basée sur
les vrais principes du droit des hommes, la peine de mort
est proscrite des Codes. Ce n'est donc pas une société républicaine qui peut écrire dans sa table de loi de régénération
et de garanties sociales : *Que tout individu qui usurperait la
souveraineté soit à l'instant mis à mort par les hommes libres* ; non, messieurs, nous républicains, nous ne concevons
guère comment, dans une république, on pourrait usurper
l'autorité souveraine, mais nous sommes assurés que si quelque frénétique ambitieux tentait de commettre un pareil
forfait, il serait, par les hommes libres, enchaîné comme
un être misérable. — C'est le droit incontestable de la société de repousser de son sein les êtres dangereux qui violent
le pacte social, qui brisent le contrat qui lie les hommes. Oui,
messieurs, la république les écarte parcequ'elle est forte;
les rois peuvent appuyer leur trône sur la hache, la pourpre
cache les taches de son sang; mais les républicains peuvent
garder leurs habits sans souillures; ils ne connaissent que la
loi déduite des principes éternels de la nature; or, la nature
ne consacre pas l'assassinat. Comment donc m'expliquer le
passage de l'arrêt de renvoi où il est dit que nous adoptons
les Droits de l'homme et du citoyen décretés par la Conven-

tion nationale en juin 1793 ? Les juges ont donc jugé sans lire les pièces du procès ? Les juges ne connaissent donc pas l'histoire ? Ou s'ils ont lu, s'ils connaissent l'histoire, à quoi donc attribuer le fait faux consigné dans la sentence des magistrats ? Messieurs les jurés, ce que je signale ici est grave, vous l'apprécierez dans votre équité, dans votre impartialité de jury souverain : quant à moi, je veux rester calme, je n'exprimerai donc pas toute ma pensée ; mais je vous prie de remarquer que nous avons adopté les principes du peuple, et non ceux que les discussions des tribunes et les intrigues des factions ont pu altérer ou modifier.

Messieurs, je vous ai démontré, l'histoire à la main, comment le peuple avait été appelé à reprendre son rang. Or, examinons donc comment la Société des droits de l'Homme, qui n'est composée que de peuple, a hérité des principes formulés par les hommes de notre première révolution. Nos ennemis nous accusent sans cesse d'être de vils instrumens. Écoutez, messieurs, et nos principes vous montreront ce que nous sommes et ce que nous voulons être, et quel destin nous demandons pour tous les hommes !

Messieurs, en déroulant les annales des peuples, et en observant d'un regard scrutateur et sévère, nous nous sommes aperçu que partout les institutions ont manqué et manquent encore aux sociétés. Si quelquefois nous en rencontrons, nous les voyons nuisibles et menant à la corruption ; parce que toutes découlent du principe faux et pervers que l'homme est essentiellement méchant. Aussi toutes les lois sociales qu'a produites une législature si monstrueuse tiennent-elles de leur origine, et nos codes ne traitent que de la prévention et de la répression. On dirait que la nature a fait de la terre un bagne où l'homme est destiné à traîner perpétuellement la chaîne. Le despotisme s'accommode toujours de cette doctrine : les publicistes ne lui ont pas non plus fait faute pour la soutenir et la publier dans toutes ses conséquences. De là les priviléges et les peuples abandonnés aux caprices des tyrans. Mais nous, hommes du peuple qui ne voyons pas dans ces princes une autre nature que la nôtre ; nous qui sentons avec impatience le joug qui pèse sur notre tête, nous sommes attentifs au cri que, dans notre âme indignée, fait retentir notre dignité outragée. L'enfance du plébéien dans le berceau du pauvre, celle des rois dans des langes dorés, sont l'une et l'autre faible, maladive, souffreteuse. A la mort, le sujet et le maître, tous deux sont livides, et deviennent la pâture de la corruption pour disparaître dans le néant. Vainement le mausolée est pompeux, le marbre de la tombe ne ranime point la poussière. Esclave et tyran sont égaux dans le sépulcre. Ces hautes leçons ne sont point aujourd'hui perdues pour le peuple. Le despotisme, malgré tous ses efforts pour étouffer l'intelligence en dégradant l'âme par la corruption et l'ignorance, ne peut et ne pourra jamais anéantir la pensée. L'homme aujourd'hui connaît sa nature et sa mission sur la terre : la raison et le sentiment lui prouvent qu'il est bon, que la morale est son unique loi, et que le trône est l'enfantement de l'égoïsme. Rappelé à lui-même par le sentiment de sa dignité, il déclare la guerre au privilége et réclame avec véhémence ses droits et son émancipation. Il faut que tout redevienne ce qu'il doit être : la nature, un moment écartée par l'ignorance des peuples et l'astuce des rois doit reprendre son empire sur l'humanité et lui dicter des lois douces et saintes. Nous connaissons aujourd'hui le but de notre existence et notre destinée sociale. Le despotisme nous dit : Obéissez ; mais la nature nous crie : Hommes ! vous naissez libres, et par cela même vous êtes égaux, car la liberté meurt au moment où apparaisssent les castes. Nul n'a le droit d'être maître, car je n'ai point fait un devoir de l'obéissance, ni constitué la force en droit. L'esclave et le sujet ne sont point mon œuvre : je n'ai point proclamé le droit du plus fort. Loin de là, par ma volonté, nul n'est assez fort pour toujours être le plus fort : d'ailleurs, la force est une puissance physique qui ne produit aucune moralité, et le juste est ma loi éternelle. Tout ce qui est tend à l'harmonie générale : Or, chaque être ne peut arriver à ce but qu'en étant lui-même harmonisé. L'harmonie chez les êtres, c'est la perfection ; ce qui mène l'homme à la perfection, c'est la morale. Pour arriver à l'accomplissement de ma volonté, je lui ai donné l'activité du corps et de l'esprit. Afin que le mouvement ne soit ni tout-à-coup épuisé, ni sans cesse engourdi à toute heure, je le ravive par les besoins. Son activité et ses besoins ont enfanté son industrie ; mais la morale dicte les lois qui la régissent. C'est l'oubli de ce code sacré qui conduit l'homme à vendre l'homme ; c'est le mépris de ces lois saintes qui façonna le sceptre et mit les intérêts d'un seul à la place des intérêts de tous.

Messieurs, vous le voyez, l'homme reçoit de la nature le droit de veiller lui-même à sa conservation et de pourvoir à son existence, puisqu'elle lui a donné les besoins, la pensée, la prévision et la force. Ainsi donc, pour qu'il soit dans sa destination, il faut qu'il demeure entier avec lui-même ; autrement dès l'heure où il serait modifié par une puissance qui altérerait une partie des dons qu'il a reçus de la création, il serait l'homme moins ce qu'on lui ravirait, il ne serait plus l'homme. Ainsi donc, l'association entre les hommes ne doit jamais attenter à la liberté de l'homme. Le principe de conservation a créé le besoin de reproduction : celui qui s'éteint trouve un appui dans celui qui marche à l'avenir, et la continuité de force est un puissant moyen de satisfaire les besoins. La société naît donc des besoins des hommes : c'est un moyen plus rapide et plus facile d'alléger les peines et d'arriver à la conservation de l'existence. L'homme vit donc mieux dans la société parce qu'il y trouve la large facilité de satisfaire des besoins impérieux. Mais dire que l'homme est né pour la société, c'est prendre la cause pour l'effet. La plupart des hommes n'y vivent que parce qu'ils y sont nés, et leur attachement pour elle est le résultat d'une habitude machinale. L'homme n'est donc poussé vers l'homme que par suite d'une attraction universelle qui tend à la reproduction et à la conservation. Vivre et peupler étant la destination de toutes les espèces vivantes, la sociabilité, si c'est un des premiers penchans de l'homme, doit concourir à cette double fin de la nature. L'instinct qui conduit à l'état social, pour ne pas devenir antipathique, ne doit jamais rencontrer de lois morales et politiques qui n'aient pas pour résultats une existence plus longue et plus heureuse pour la pluralité des hommes. Or, toute loi qui viole la liberté et l'égalité des citoyens se met en opposition formelle avec la prospérité générale. L'inégalité suppose privilége, alors quelques-uns ont des besoins dont la satisfaction est soumise à des besoins étrangers qui doivent être d'abord contentés. C'est constituer le peuple en état de perpétuelle souffrance.

Si, d'ailleurs les hommes ne sont pas égaux maintenant; si les uns naissent pour la servitude et les autres pour la domination; alors *l'homme-esclave* doit être moins perfectible que *l'homme-maître*. Chacun d'eux, pour rester dans sa condition, doit en avoir le caractère. L'intelligence et la force, bornées chez l'un, chez l'autre doivent être indéfinies; et toujours il arrive le contraire : l'unité privilégiée, dans le luxe et la mollesse se blase et s'affaiblit, tandis que l'homme du peuple, moins éloigné de son origine, lui reste toujours supérieur par la force de ses membres et la vivacité de son esprit. L'expérience nous montre que la corruption et la dégradation de l'être social sont aujourd'hui en raison directe du plus possédant.

Messieurs, je me hâte ici de protester contre la vile accusation que portent sans cesse contre nous nos éternels ennemis : ils nous représentent comme ayant toujours dans notre poche un décret tout prêt pour le partage des terres. Les républicains sont des hommes de raison austère; ils savent que la propriété doit être respectée. N'en avons-nous pas donné une preuve en juillet ? Qui, du peuple ou de ceux qui gouvernent, ont mieux respecté la fortune privée et les deniers publics? Nous n'ignorons pas non plus que quiconque vit en société doit à la nation le tribut de ses forces et de son activité : celui donc qui veut vivre de loisir doit un dédommagement à l'état; il faut qu'une partie de ses richesses compense le tort de son oisiveté. Celui qui ne possède rien et qui travaille donne assez à la société en produisant : le nivellement des fortunes se fera donc par l'impôt. Il est clair que notre morale politique est pleine d'équité et n'a rien de subversif; la loi agraire est une sottise qui retourne à nos calomniateurs. L'assiette des impôts, ainsi que nous voulons que les lois républicaines l'établisse, a l'avantage immense d'alléger le peuple des taxes énormes qui pèsent sur lui et dévorent ses économies et le fruit de son travail. Le trésor public délivré des charges d'un budget plus que monstrueux; mais l'argent, en demeurant dans les mains du travailleur, enrichira la nation en donnant de l'aisance au peuple; l'artisan aura un avenir, et la jeunesse laborieuse sera récompensée par une vieillesse prospère : ainsi donc le hideux paupérisme sera éteint et nous ne subirons plus la corruption dorée de l'opulence ; la véritable industrie prendra la place de la spéculation hasardeuse, et le problême du meilleur emploi des hommes et des choses aura trouvé sa solution, comme l'ordre social, la paix, le bonheur et l'abondance.

Messieurs, avec un pareil système, aucun membre de la société ne se refusera de contribuer à sa défense, selon l'étendue de ses facultés, parce qu'il saura et sentira que ce n'est que par la force publique que chaque citoyen peut conserver l'entière et paisible jouissance de ce qu'il possède. Le prolétaire y aura autant d'intérêt que le riche, parce que d'abord il aura l'intérêt de son repos, et ensuite celui de la conservation de la richesse nationale, qu'il est appelé à partager par son industrie : l'homme alors connaîtra véritablement la nationalité et le civisme. Sous les gouvernemens de notre époque, de telles vertus sont impossibles; cela provient du vice de la puissance gouvernante, qui exagère l'entretien de la force publique et usurpe pour ses fantaisies une partie des fonds destinés à cet entretien. Messieurs, cette vérité n'a point échappé à nos publicistes, et l'un d'eux en fait un tableau d'une vérité effrayante, comme les supplices de l'enfer du Dante: « L'or du commerçant, dit-il, du laboureur, la subsistance du pauvre, arrachés dans les campagnes et dans les villes au nom de l'état, prostitués dans les cours à l'intérêt et au vice, vont grossir le faste d'une troupe d'hommes qui flattent, haïssent et corrompent leur maître, vont dans des mains plus viles encore payer le scandale et la honte de ses plaisirs. On les prodigue pour un appareil de grandeur, vaine décoration de ceux qui ne peuvent avoir de grandeur réelle, pour des fêtes, ressource de l'oisiveté impuissante au milieu des soins et des travaux que demandent un empire à gouverner; une portion, il est vrai, se donne aux besoins publics; mais l'incapacité distraite les applique sans jugement comme sans économie. L'autorité trompée, et qui ne daigne pas même faire un effort pour cesser de l'être, souffre dans l'impôt une distribution injuste, une perception qui n'est elle-même qu'une oppression de plus. Alors tout sentiment patriotique s'éteint, il s'établit une guerre entre le prince et les sujets: ceux qui lèvent les revenus de l'état sont les ennemis du citoyen. Il défend sa fortune de l'impôt, comme il la défendrait d'une invasion. Tout ce que la ruse peut dérober à la force paraît un gain légitime, et les sujets corrompus par le gouvernement, usent de représailles envers un maître qui les pille. Ils ne s'aperçoivent pas que dans ce combat inégal, ils sont eux-mêmes dupes et victimes. Le fisc insatiable et ardent, moins satisfait de ce qu'on lui donne, qu'irrité de ce qu'on lui refuse, poursuit avec cent mains ce qu'une seule ose lui dérober. Il joint l'activité de la puissance à celui de l'intérêt. Les vexations se multiplient; elles se nomment châtiment et justice; et le monstre, qui appauvrit tous ceux qu'il tourmente, rend grâce au ciel du nombre des coupables qu'il punit et des délits qui l'enrichissent.» Enfin, messieurs, le publiciste si terriblement véridique termine ainsi les griefs contre la royauté : « Heureux le souverain qui ne dédaignerait pas » de rendre à son peuple un compte *fidèle* de l'emploi des » sommes qu'il en exigerait! Mais ce souverain n'a point en- » core paru, et sans doute il ne se montrera pas. »

Messieurs, je ne suis pas aussi désespéré que ce publiciste, et j'affirme que le souverain existe : *C'est le peuple.* Oui, messieurs, quand le pays sera gouverné par le pays et que les lois seront républicaines, que le civisme aura pris la place de la corruption, il n'y aura plus ni concussions ni rapines, et partant, point de citoyen qui cherche à se soustraire aux charges utiles à la prospérité nationale. Remarquez bien, messieurs, que j'appelle peuple souverain tous les hommes d'une même société, ayant des droits égaux, qu'ils exercent réellement et en liberté.

Le citoyen en payant avec zèle et fidélité son impôt, sera encore prêt à donner son sang pour la patrie. Soldat, il portera bravement les armes et les tournera seulement contre les ennemis du pays. Dans toutes les monarchies de l'Europe, on veut que le soldat ne soit qu'instrument de despotisme; on cherche du moins à lui en donner les sentimens; car on en use comme s'il appartenait au trône et non à la patrie. Pour les rois, cent mille hommes armés ne sont que cent mille esclaves disciplinés et terribles. Par une discipline perfide et despotique, on les empêche de voir et d'interroger, et on leur fait une loi de tuer au premier signal. N'a-t-on pas, naguères encore, entendu un grave magistrat dire dans le sanctuaire même de la justice, qu'un soldat avait fait son devoir parce qu'il était délateur? Oh, messieurs, que la morale de la république est plus loyale et plus sublime! Soldats, s'écrie-t-elle, souviens-toi que tous citoyens sont frères : rappelle-toi que c'est la double mamelle de la femme du peuple qui a nourri l'artisan et le guerrier. Eh! ne sommes-nous pas tous soldats? Quand tu défends l'indépendance nationale, ton frère, milicien civique, défend nos institutions, nos droits, nos libertés civiles. La patrie n'a besoin de toi que pour la préserver des aggressions étrangères, des attaques des nations voisines; mais elle place sans cesse la garde civique en sentinelle près de la constitution pour veiller à la liberté du peuple. Soldat, tu es citoyen avant tout; ton arme et ton œil doivent toujours se tourner vers les ennemis de la nation : mais ta main doit toujours être dans la main de ton frère.

Comme dans une république l'intérêt du gouvernement est l'intérêt de la nation, toute magistrature prend un caractère de civisme et de justice exacte, tout est par et pour le peuple, par conséquent soumis à l'élection et à la révocation. Le juge ne peut donc oublier, en jugeant un citoyen, que sa sentence sera jugée à son tour par un tribunal solennel, par la nation toute entière. Le juge du magistrat, c'est le jury important du peuple assemblé, devant lequel il est appelé à rendre compte de ses actes. Puisque l'homme est libre, il doit répondre de sa vie : nul, par conséquent, n'est en dehors de la loi : il doit accepter l'éloge ou le blâme qu'elle dispense, ce qu'il y a de plus saint, de plus sacré sur la terre, c'est la liberté de l'homme: pour la mettre hors d'atteinte des passions de l'arbitraire et du méchant, les magistrats chargés de veiller à la sûreté et à la police de l'état recevront leur mandat du peuple, parce qu'au peuple seul appartient le droit d'en fixer les conditions et l'étendue. Le citoyen qui le recevra, l'exercera sous sa responsabilité. La loi populaire garantit aussi la liberté individuelle et ne l'abandonne point à une police ignoble et soudoyée, sans honte comme sans crainte de violer les droits de la société par des vexations oppressives.

Dans l'ordre social, il y a l'intérêt privé et l'intérêt public : l'un est du domaine de la famille, l'autre appartient à la nation. Ainsi donc, tout ce qui concerne la commune doit être délibéré et régi par elle : mais ce qui est intérêt de commune à commune, est soumis à l'investigation du peuple. L'assemblée nationale, qui a reçu de lui mandat de veiller et de gouverner la chose publique, en connaîtra seule sous la garantie des lois.

Messieurs, le gouvernement a été institué par et pour la société, et la société est de sa nature libre et indépendante. C'est elle qui a créé la force publique; le gouvernement qui la reçoit d'elle, doit donc la consacrer tout entière à son usage : enfin la société est essentiellement bonne, le gouvernement ne doit donc être que la stricte observance des règles qui guident l'homme dans l'exercice de ses droits naturels, au milieu des associations; c'est-à-dire qu'il garantit au citoyen les droits imprescriptibles que l'homme a reçus du législateur immortel. Voilà, messieurs, ce que nous sommes et ce que nous voulons être. Nous voulons l'émancipation de l'humanité ; nous voulons la régénération des peuples par la liberté. La liberté ! ce premier droit de l'homme, ce droit sacré de n'obéir qu'aux lois et de ne craindre qu'elles ! Malheur à celui qui craint de prononcer son nom ! malheur au peuple où le prononcer serait un crime ! C'en est un sous notre gouvernement, puisqu'il nous traîne à cette barre.....

Mais que produiront ces vaines fureurs? ont-elles étouffé dans le cœur de nos frères les sentimens généreux ? pense-t-on que notre âme soit moins forte et moins pure! Non, non ! on pourra combattre notre amour de liberté, mais jamais on ne pourra l'éteindre. Il subsiste partout où il y a des hommes : il se conserve dans les chaînes; il vit dans les prisons ; renaît sous la hache des licteurs; c'est pénétrés de cette grande vérité, de cet amour ardent et passionné des hommes; c'est parceque les siècles passés et le mal du prolétaire nous ont dit que le temps des maîtres était fini et que l'ère de la liberté, l'ère du règne du peuple était advenue, que les membres de la société des Droits de l'Homme et du citoyen, réunis en association civique, ont reconnu, comme le dit le préambule de leur déclaration de principes; « que les lois humaines qui ne découlent point des lois éternelles de la justice, ne sont que des attentats de l'ignorance et du despotisme contre l'humanité, convaincus que le mépris et l'oubli des droits naturels de l'homme, sont les seules causes des crimes et des malheurs du monde, ont résolu d'exposer, dans une déclaration solennelle, les droits sacrés et inaliénables, afin que tous les citoyens, pouvant comparer sans cesse les actes du gouvernement avec le but de toute institution sociale, ne se laissent jamais opprimer et avilir par la tyrannie ; afin que le peuple ait toujours devant les yeux les bases de sa liberté et de son bonheur, le magistrat la règle de ses devoirs, le législateur l'objet de sa mission.

En conséquence elle a proclamé, elle proclame dans cette enceinte, à la face de l'univers et de ses juges, la déclaration des Droits de l'homme et du citoyen : article premier. (*Lire les Droits de l'homme.*)

Est-il morale plus belle et plus sublime ? Quel homme, à moins qu'il ne soit dégradé par la corruption et la tyrannie, à moins qu'il n'ait sucé le lait des cours, ne sent son âme s'exalter d'un ardent enthousiasme pour des principes si beaux, et qui annoncent un si noble avenir ? Que nos accusateurs nous disent donc quelle est leur morale et qu'elles sont leurs vertus. Ecoutez-les, ils vous diront : Nous avons notre pacte social. — Votre pacte social ?—et n'est-ce pas le contrat entre la royauté et l'aristocratie, entre le despotisme et tous les abus ? Et nous ! nous prolétaires, il nous constitue en perpétuel état de misère et d'ilotisme. — Mais, attendez, vous disent-ils, laissez l'éducation se faire : jouissons le mieux possible de ce que nous avons, pour arriver à mieux. Messieurs, n'est-ce pas dire au peuple : demeure en repos pour que je jouisse paisiblement, puis je verrai à faire quelque chose pour toi. — Fort bien ! mais si je meurs en attendant ?... Ah ! je le vois bien, parmi le peuple où les grandes passions ne parlent que par intervalles, les sentimens de la nature se font plus souvent entendre et mieux comprendre; dans les états élevés, en dehors de la masse, par les priviléges ou l'opulence, ils sont étouffés absolument, et, sous le masque de la sympathie, il n'y a jamais que l'intérêt et la vérité qui parlent. Les aristocrates ont toujours le mot de liberté à la bouche et songent sans cesse à opprimer. Messieurs il ne faut pas chercher mes preuves bien loin : Serait-ce par hasard pour protéger la liberté du peuple que l'on veut ceindre Paris de forts et de Bastilles armés ? Nous ne sommes pas stupides à ce point qu'on puisse ainsi abuser notre crédulité...... Un peuple libre n'a que faire de forteresses et de villes fortifiées : le despotisme seul a besoin de se garder, de se flanquer de bastions; car son ennemi n'est pas loin, c'est ce peuple sur lequel il pèse et qu'il veut frapper de terreur, qu'il veut te-

nir en repos en lui présentant sans cesse la bouche béante de
ses canons gorgés de boulets et de mitraille. — Sparte était
ouverte de toutes parts; la garde en était confiée aux vieil-
lards, aux femmes et aux enfans. Sparte cependant fut inex-
pugnable, tant que Sparte fut une ville libre; c'est que le civisme est la plus formidable des citadelles, et qu'il n'est
point d'être faible chez le peuple qui vit de vertus et
de liberté! — L'Europe révoltée déborda de toutes parts
sur la France de 93; mais le peuple libre rejeta bientôt loin
du sol sacré de la patrie les rois et leurs hordes d'esclaves!
Oui, messieurs, chaque pierre qui haussera les forts qui doivent traquer le peuple de Paris, sera une pierre tombée du
temple de notre liberté : chaque créneau qui sera percé, ob-
tiendra le sourire de la sainte-alliance. Eh! quel citoyen ne
sent bouillonner son âme de colère en voyant ce qu'on a fait
et à quoi l'on veut nous réduire?.....

Hommes à cordons, à pensions, à budgets, à gros honoraires
sous tous les régimes : hommes de modération furieuse et de
patriotisme à froid! habiles du lendemain, doctrinaires, n'est-
ce pas par vous que nous sommes la nation la plus avilie et
la plus malheureuse, quand nous avons été la plus grande, et
que nous pouvions être la plus prospère! n'est-ce pas vous,
qui avez changé le reste de la société en un vaste bagne de
prolétaires? Ainsi donc, après quarante ans de fatigues, de
combats et de gloire, après deux révolutions où le peuple
souverain vous a donné de si grands et de si solennels ensei-
gnemens, en punissant avec justice un tyran, en chassant avec
mépris un despote, vous êtes encore restés courtisans et lâ-
ches esclaves. C'est par vous, par vous seuls que nous sommes
arrivés à ce point de civilisation et de parfaites institutions
sociales que les plus irrémissibles des crimes sont la vertu civique et l'amour de la liberté! Tant de sacrifices et de sang
répandu pour la patrie, loin d'enfanter la libération des
peuples, ont resserré les anneaux de leurs chaînes, et accru
votre luxe et votre corruption. Tandis que le citoyen meurt
de la misère et de la peste, vous coulez des jours fortunés au
sein d'une opulence scandaleuse, souvent accrue par des
concussions et des rapines. Auteurs des malheurs de la patrie,
alors que la ligue européenne voulut anéantir le gigantesque
et puissant génie qui poussait le peuple français à la réforme
et à l'émancipation, alors que les barbares appuyaient le
trône tout détraqué sur un million de baïonnettes, ne vîntes-
vous pas avec eux? n'étiez-vous pas de leurs fêtes? Oui, je
vous ai entendu crier dans votre joie insensée et votre triom-

phe d'un moment, que le peuple avait donné sa démission ! vous arrosiez vos lys du débordement de vos coupes d'orgies ! gorgés de royauté, avilis aux pieds de celui que les cosaques laissèrent comme un des leurs, vous blasphémiez contre la nation : vous la menaciez au moindre mot de tirer l'épée et de jeter le fourreau. Mais le peuple de sa main puissante prit la couronne et la broya ; du souffle de son mépris, il jeta outre-mer le tyran dévot, sa lignée équivoque et son cortége de femmes et de prêtres. A cette heure vous disparûtes, mais aujourd'hui que l'ogre dîne encor et que nous payons la carte, vous revenez, oublieux de la leçon.

Mais tout doit finir : le peuple est sorti de l'enfance, le temps des vénérations superstitieuses est passé, voici venir sa justice souveraine ; l'avenir s'avance et nous apporte les institutions d'hommes libres. Machinez, machinez vos œuvres impies : votre vitesse ne peut dépasser celle du temps ! La démocratie vous déborde : vous faites de vains efforts pour l'arrêter : demandez vos lois d'exceptions, il vous en faut, car vous êtes faibles : mais vos ruses pour les obtenir seront vaines. — Vous nous menacez de faire gronder l'émeute : c'est en vain encore, car vos provocateurs hurleront seuls sur la place publique. Nous assisterons paisibles à vos dernières convulsions et à votre agonie.

Messieurs les jurés, vous êtes peuple aussi vous, vous êtes citoyens ; disons donc ensemble à ceux qui font les lois : Législateurs, cessez donc de chercher vos inspirations dans les abus, et de marcher sous le patronage de la haine du peuple. Votre droit public nous rend la vie pénible, et cependant notre mission sur la terre n'est point pour la gêne et la détresse ; car l'existence nous est donnée pour être douce. Si vous voulez votre propre bonheur, si vous désirez la prospérité publique, étouffez l'opulence qui enfante le vice, éteignez le paupérisme qui pousse aux forfaits. Si vous voulez que les peuples soient vertueux laissez-les donc libres de l'être : car la vertu est fille de la liberté. Que l'humanité règne dans vos lois dictées par la nature, et vous vous vivrez dans le souvenir comme dans la reconnaissance des hommes. Mais si vous oubliez que vous êtes citoyens, pour vous rappeler que vous êtes riches, si vous préconisez le privilége, si vous vous courbez devant la tyrannie, alors une aristocratie sacrilége fomentera des dissensions civiles, méprisera vos Chartes impuissantes, pillera la fortune publique, ruinera la nation, et vous serez flétris parmi les hommes.

Messieurs les jurés, vous connaissez les principes et la morale de la société des *Droits de L'homme*. Je vous ai parlé avec la franchise républicaine : nos calomniateurs nous accusent d'être menaçans : vous voyez qui nous sommes. Naguères nous avons réuni six mille citoyens dans une fête civique, et dans aucun lieu il n'a régné plus de confraternité et d'harmonie ; cependant le pouvoir, qui nous accuse, nous avait environné de baïonnettes ! Maintenant, messieurs, vous pouvez juger en connaissance de cause : vous savez ce que veulent nos ennemis ; vous n'ignorez plus ce que nous sommes, et ce que nous voulons : ce sont des Républicains qui vous parlent et c'est la sainte République qu'ils apellent ! Ils ont fait leur devoir, faites le votre : quelle que soit votre sentence, elle nous trouvera fermes et calmes. Si elle nous frappe, elle frappera des hommes confians dans l'avenir, car ils ont légué leurs principes aux peuples, et les peuples sont de fidèles exécuteurs de testamens. Prononcez donc, mais n'oubliez pas que vous êtes nés pour être citoyens, que les rois s'en vont et que le peuple est éternel. Que ce soit votre conviction , car elle est celle d'hommes justes : chez nous elle est profonde et immuable.

Imprimerie de Sétier, rue de Grenelle-Saint-Honoré, n. 29.

9 782329 166476